JN032967

ピ！

スイッチ ピ！ で焼きたて！

炊飯器でパンとケーキができちゃった！

おうちパン研究家
吉永麻衣子

主婦の友社

炊飯器ならパン作りが

しゃもじで **OK!**

STEP 1

炊飯釜で
材料をまぜて

≫

STEP 2

40分 ほったらかし!!

炊飯器で発酵

保温スイッチをピ!

保温
取消

2

カンタン! おいしい!

あとは
おまかせ〜

炊飯
スイッチオン!

炊飯

予約

ピ!

\買うより安い♪/

1個
約**140**円

焼きたて
パンの
でき上がり!

ふっくら
ふわふわ〜

成形パンもこのとおり!

炊飯器で
発酵させて
炊飯スイッチオン!

くるくるっ

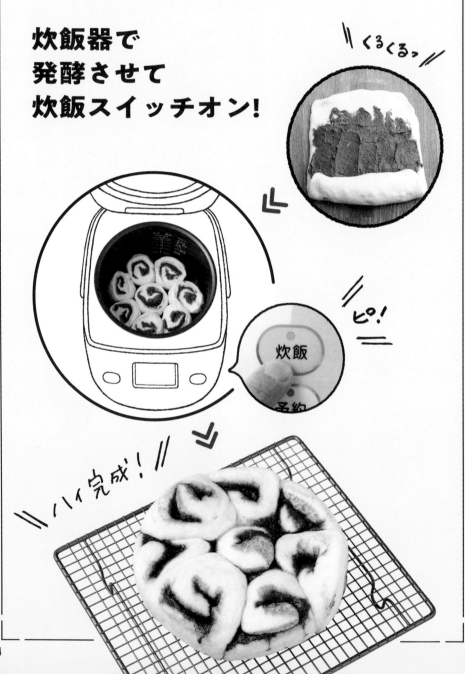

炊飯

予約

ピ!

ハイ完成!

ホットケーキミックスで
ケーキもラクラク！

STEP 1 生地を ぐるぐる まぜて

STEP 2 炊飯器で 焼くだけ！

炊飯

ピ！

型なし、
オーブンなしで
ケーキができた♪

CONTENTS

PART 1

発酵1回で
まぜるだけパン

PART 2 発酵2回で
成形パン

PART 3

少ない材料で

ホットケーキミックスの パンとケーキ

この本の決まりごと

・大さじ1は15㎖、小さじ1は5㎖です。
・砂糖はきび砂糖、塩は自然塩を使っていますが、
　好みのものでも大丈夫です。
・卵はMサイズを使用しています。
・バターはパン生地には加塩バターを使っていますが、
　特に断りがない場合、食塩不使用バターでも代用できます。
・室温は20～25度を想定しています。
・電子レンジの加熱時間は600Wの場合の目安です。
　500Wの場合は1.2倍にします。機種によって加熱時間に
　多少の差があるので、様子を見てかげんしてください。

炊飯器について

この本では、5.5合炊きの炊飯器を使用しています。炊飯器にはマイコン式、IH式、圧力IH式があり、機種により仕上がりが異なる場合があるので、お手持ちの炊飯器の機能に合わせて加熱時間などを調整してください。
再加熱する際に炊飯器のスイッチが押せないときは、電源を一度切り、しばらくたってから試してみてください。

炊飯器ににおいや色が残らないようにするために、パンやケーキが焼き上がったら、すぐに炊飯釜からとり出しましょう。炊飯釜はすぐによく洗い、内ぶたや蒸気の吹き出し口もはずせるものははずし、きれいに洗いましょう。

朝焼きたてを
すぐ食べたいときは

PART1のまぜるだけパンは、夜材料をお釜でまぜて、乾燥しないよう生地にぴったりラップをして冷蔵庫で発酵。翌朝、炊飯スイッチを。PART2の成形パンは、成形後、同様にラップをして冷蔵庫で二次発酵。翌朝、炊飯スイッチを入れてください。

スイッチ「ピ!」で
ほかほか
パンが完成♪

この本で使う基本の材料

この本のパン作りやケーキ作りの土台となる材料を
まとめてご紹介します。

強力粉

グルテン（粘りけのもとになるたんぱく質）
の含有量が多いので、粘りけが強く、パン
のような発酵させて作る生地に使います。
薄力粉よりさらさらとしているので、生地
をのばすときの打ち粉としても使います。

薄力粉

ケーキなどのお菓子作りに使われる、粘り
のもとになるグルテンが少ない小麦粉。ふ
んわりとした軽い口当たりのパンに焼き上
げたいとき、強力粉に加えて使っています。

ホットケーキミックス

小麦粉にベーキングパウダーなどの膨張
剤、砂糖、植物性油脂などを配合したもの。
失敗なく、ふっくらとふくらむうえ、とけ
やすくダマになりにくい工夫がされている
ので、ふるう手間が省けます。

粉類の保存は

強力粉、ホットケーキミックス、薄力粉は
湿けが大敵。においも吸収しやすいので、
密閉して保存し、できるだけ早めに使いき
って。あまり頻繁に作らない場合は、小さ
いサイズを購入して新鮮なうちに使いきり、
まめに買い足すといいでしょう。

塩

パン生地を引き締め、おいしさを引き出す役割があります。質のいい自然塩を使うと塩味がマイルドで、味に奥行きも加わります。

砂糖

甘みを加えるほか、生地を発酵させる働きも。この本ではきび砂糖を使っていますが、上白糖など好みのものでOK。

オリーブオイル

オイルを加えることで、ふんわりやわらかなのびのあるパン生地に。オリーブオイルなら豊かな風味もプラスできます。

牛乳

パン生地に加えることで、焼き色がついて風味のいいパンに焼き上がります。かわりに成分無調整の豆乳を使ってもOK。

卵

リッチでコクのある生地にしたいときに。使う前に冷蔵室から出し、室温にもどしておくと、ほかの材料とまざりやすくなります。

バター

パン生地に加えると、ふんわりボリュームのある焼き上がりに。特に断りがない場合は、加塩でも食塩不使用でも大丈夫です。

インスタントドライイースト

生地の発酵に必要な酵母。古かったり、開封して時間がたつと、発酵する力が弱くなってしまいます。新しいものを使い、開封したものは冷凍室での保存がおすすめです。

この本で使う基本の道具

これだけあれば、この本で紹介したパンやケーキが作れます。

炊飯器

この本では5.5合炊きのものを使用しています。

しゃもじ

軽くて扱いやすく、まぜるときに炊飯釜に傷がつきにくいプラスチック製を。

キッチンスケール

材料を計量するときに。1g単位ではかれるものが便利です。

計量スプーン

大さじ（15㎖）、小さじ（5㎖）の2つを用意しましょう。

キッチンタイマー

パン生地の発酵時間をはかるときなどに使用します。

大きめのボウル

生地をまぜるときに。耐熱ボウルは、耐熱のどんぶりで代用しても。

小さめのボウル

卵をときほぐすときなど、少量のものをまぜるときに便利。

ゴムべら

材料をまぜたり、ボウルに残った材料をむだなくすくいとるときに。

カード

パン生地を分割したり、分割した生地を移動させたりするときに。

泡立て器

PART3のホットケーキミックスを使った生地をまぜるときなどに使用します。

網

焼き上がったパンやケーキを冷ますときに。もち網などで代用できます。

オーブンシート

シリコン加工された紙のこと。炊飯釜に敷いて、生地のくっつき防止に使います。

ピ!

発酵1回で

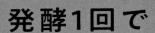

まぜるだけパン

炊飯釜に材料を入れてしゃもじでまぜ、炊飯器にセットして
「発酵」と「焼き」を炊飯器におまかせ。
こんなに簡単に、ふわふわパンが作れます!
生地をこねなくていいから手が汚れないし、
洗い物が少ないからとっても気楽。
炊飯器にかけている間は手があくから
時間も有効に使えちゃいます。

フォカッチャ

ふかふかパンに、オリーブオイルと岩塩でアクセントを

材料（5.5合炊きの炊飯器1台分）

A 強力粉…200g
　塩…3g
　インスタント
　　ドライイースト…3g

水…160g
オリーブオイル…適量
岩塩…2つまみ

1 | 生地を作る

炊飯釜に**A**を入れ、しゃもじ
でざっとまぜる。

分量の水を加える。

粉っぽさがなくなってまとま
るまでよくまぜる。

POINT!

**底面がカリッと
焼き上がり、
オリーブオイルの
風味もプラス**

材料MEMO

岩塩
大昔の海水が時間をか
けて塩になったもの
で、塩味がまろやか。
とけにくいので焼いて
も粒が残り、歯ごたえ
も楽しめる。

オリーブオイル大さじ1をか
け、生地の表面にまとわせる。

2 | 発酵

〝ピ！〞

保温 40分

炊飯器にセットし、「保温」スイッチを押して40分おく。

発酵完了

生地が2倍にふくらんだらOK。

※生地のふくらみが弱い場合は、もう一度「保温」スイッチを押し、5〜10分おきに様子を確認しながら発酵させる。

3 | 焼く

上面にオリーブオイル小さじ
1をかけ、指先にオリーブオ
イル適量をつけて穴をあけ
る。岩塩を全体に振る。

《ピ!》

炊飯

「炊飯」スイッチを押す。

焼き上がり

POINT!

**熱々だと
切りづらいので
あら熱がとれて
から切って**

炊飯釜からとり出し、網などに
のせて冷ます。

※スイッチが切れたら、パンの
真ん中を押してみる。ベチョッ
とするようなら、もう一度「炊
飯」スイッチを押し、10分おき
に様子を確認しながら焼く。

ウインナパン

ミニウインナをちりばめて。
おやつにも朝ごはんにもぴったり

材料（5.5合炊きの炊飯器1台分）	
A｜強力粉…200g	水…160g
塩…3g	オリーブオイル…大さじ1
インスタント	ウインナソーセージ
ドライイースト…3g	…小22本（約70g）

18

1 生地を作る

フォカッチャの作り方1の❶〜❹（p.15）の要領で生地を作り、オリーブオイルをかけ、生地の表面にまとわせる。ソーセージの半量をのせて上下を返し、残りのソーセージをのせる。

2 発酵

≫ピ！≪

保温
40分

炊飯器にセットし、「保温」スイッチを押して40分おく。

⌄⌄

生地が2倍にふくらんだらOK。

3 焼く

≫ピ！≪

炊飯

「炊飯」スイッチを押す。

≫

焼き上がり

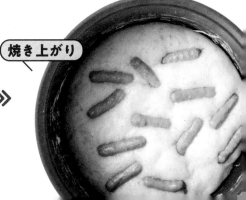

サラミ
ピザパン

底のチーズはカリッと、
上のチーズはとろ〜り！

作り方はp.22

たらこマヨ
ピザパン

たらこ×マヨネーズの
テッパンの組み合わせで

作り方はp.22

サラミピザパン

材料（5.5合炊きの炊飯器1台分）

A 強力粉…100g
　塩…2g
　インスタント
　　ドライイースト…1g
水…80g
ピザ用チーズ…20g
トッピング
　ピザソース（市販品）
　　…大さじ2
　サラミ（薄切り）…10枚
　ピザ用チーズ…40g

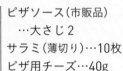

たらこマヨ
ピザパン

材料（5.5合炊きの炊飯器1台分）

A 強力粉…100g
　塩…2g
　インスタント
　　ドライイースト…1g
水…80g
ピザ用チーズ…20g
たらこマヨ
　たらこ（ほぐしたもの）
　　…大さじ1
　マヨネーズ…大さじ1
刻みのり、
　万能ねぎの小口切り
　…各適量

1 ｜生地を作る｜

フォカッチャの作り方1の❶〜❸
（p.15）の要領で生地を作る。生
地を端に寄せてあいたところにチー
ズの半量を入れ、その上に生地
をのせる。上に残りのチーズを散
らし、全体に広げる。

2 ｜発酵｜

ピ！

保温
40分

炊飯器にセットし、「保
温」スイッチを押して
40分おく。

≫

生地が2倍にふくらんだ
らOK。

3 焼く

サラミピザパン

『ピ！』
炊飯

焼き上がり

トッピングのピザソースを塗
り、サラミをのせてチーズを散
らす。「炊飯」スイッチを押す。

たらこマヨピザパン

『ピ！』
炊飯

焼き上がり

たらこマヨの材料をまぜて塗
り、「炊飯」スイッチを押す。

刻みのり、万能ねぎを散らす。

ごろごろバナナパン

大きく切ったジューシーなバナナがおいしさを底上げ

材料（5.5合炊きの炊飯器1台分）

A | 強力粉…200g
　| 塩…3g
　| インスタント
　| 　ドライイースト…3g
水…160g
とかしバター(p.58)…10g

バナナ…2本
　▶ 2cm長さに切る
バター…30g
　▶ 1cm角に切る
砂糖…10g

24

1 | 生地を作る

フォカッチャの作り方**1**の**①**〜**③**（p.15）の要領で生地を作る。とかしバターをかけ、生地の表面にまとわせる。

2 | 発酵

〝ピ！〟

保温
40分

≫

発酵完了

炊飯器にセットし、「保温」スイッチを押して40分おく。

生地が2倍にふくらんだらOK。

3 | 焼く

〝ピ！〟

炊飯

≫

焼き上がり

バナナを押し込むようにのせてバターを散らし、全体に砂糖を振る。「炊飯」スイッチを押す。

チョコパン

シンプルな味わいのパンに
チョコの甘みがきわ立つ

材料（5.5合炊きの炊飯器1台分）

A		
強力粉…200g	水…160g	
塩…3g	板チョコレート	
インスタント	…1枚(50g)	
ドライイースト…3g	▶あらく割る	

1 生地を作る

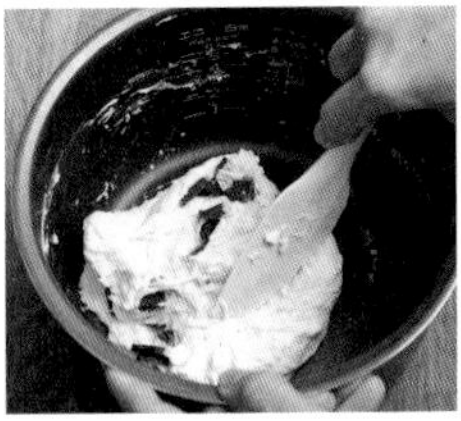

フォカッチャの作り方**1**の❶〜❸（p.15）の要領で生地を作る。板チョコの⅓量をこまかく割って加え、まぜる。

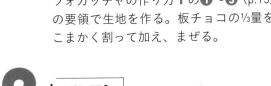

2 発酵

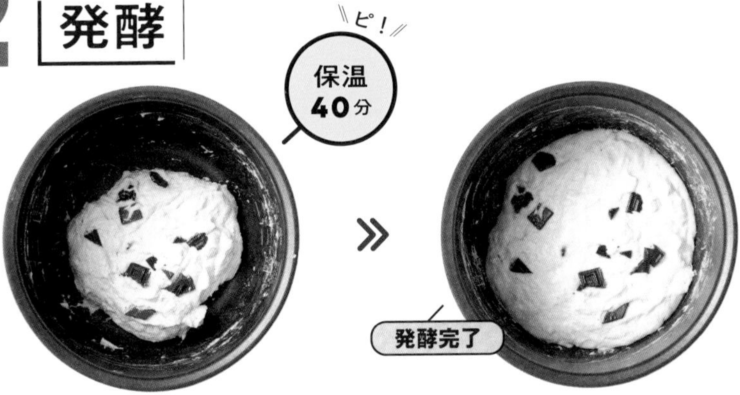
ピ！
保温
40分
≫
発酵完了

炊飯器にセットし、「保温」スイッチを押して40分おく。

生地が2倍にふくらんだらOK。

3 焼く

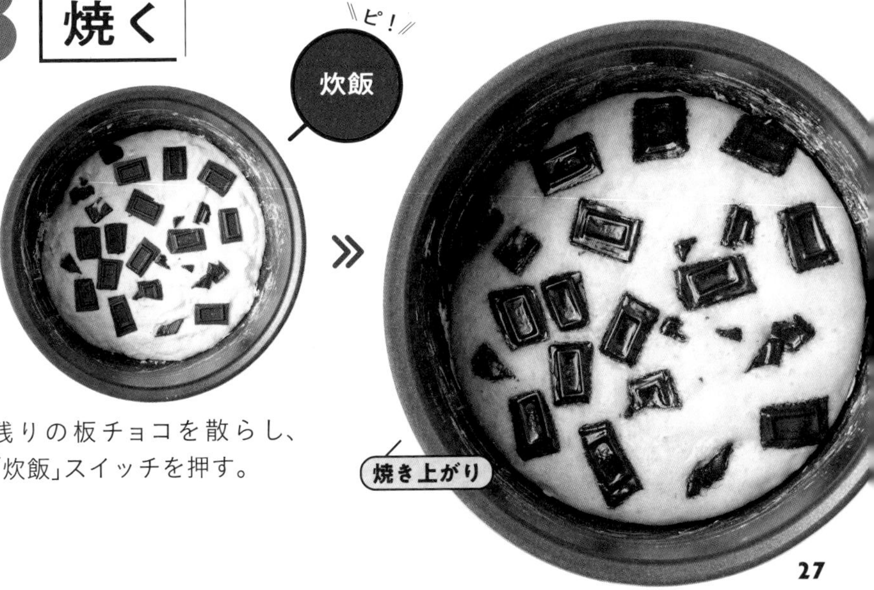
ピ！
炊飯
≫
焼き上がり

残りの板チョコを散らし、「炊飯」スイッチを押す。

塩バターパン

ほんのり塩味に、バターのコクが口いっぱいに広がる

材料（5.5合炊きの炊飯器1台分）

A		
強力粉…200g	水…160g	
塩…3g	バター（加塩）…60g	
インスタント	▶ 7mm角に切る	
ドライイースト…3g	塩（あれば岩塩）…2つまみ	

1 生地を作る

フォカッチャの作り方1の❶〜❸
（p.15）の要領で生地を作る。バ
ターを加えてまぜる。

2 発酵

＼ピ！／

保温
40分

炊飯器にセットし、「保温」スイッ
チを押して40分おく。

生地が2倍にふくらんだらOK。

3 焼く

＼ピ！／

炊飯

焼き上がり

全体に塩を振り、「炊飯」ス
イッチを押す。

食パン風

牛乳やとかしバターをまぜ込み、
しっとり感をプラス

材料（5.5合炊きの炊飯器1台分）

	A		B
	強力粉…200g		牛乳…100g
	塩…3g		水…60g
	砂糖…15g		とかしバター（p.58）…20g
	インスタント		とかしバター（p.58）…10g
	ドライイースト…3g		

1 | 生地を作る

1 炊飯釜にAを入れ、しゃもじでざっとまぜる。

2 Bを加える。

POINT!
だんだん生地が重くなってくるので、力を入れながらまぜて！

3 粉っぽさがなくなり、まとまるまでまぜる。

POINT!
底面がカリッとして、バターのいい香りも楽しめる

4 とかしバターをかけ、生地の表面にまとわせる。

2 | 発酵

保温
40分

炊飯器にセットし、「保温」スイッチを押して40分おく。

発酵完了

生地が2倍にふくらんだらOK。

※生地のふくらみが弱い場合は、もう一度「保温」スイッチを押し、5〜10分おきに様子を確認しながら発酵させる。

3 焼く

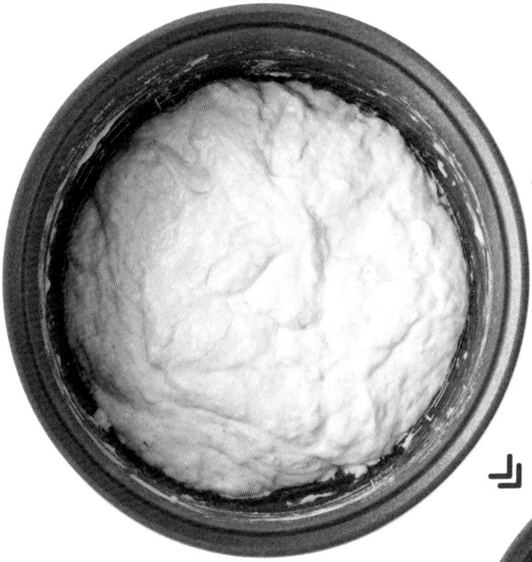

ピ！

炊飯

「炊飯」スイッチを押す。

焼き上がり

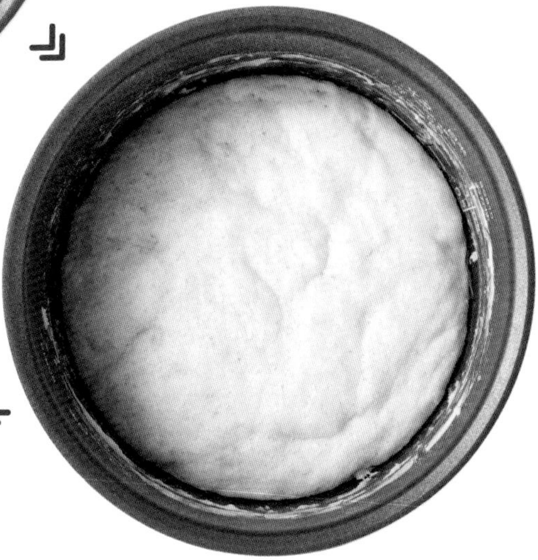

※スイッチが切れたら、パンの真ん中を押してみる。ベチョッとするようなら、もう一度「炊飯」スイッチを押し、10分おきに様子を確認しながら焼く。

POINT!

切るのはあら熱がとれてから！

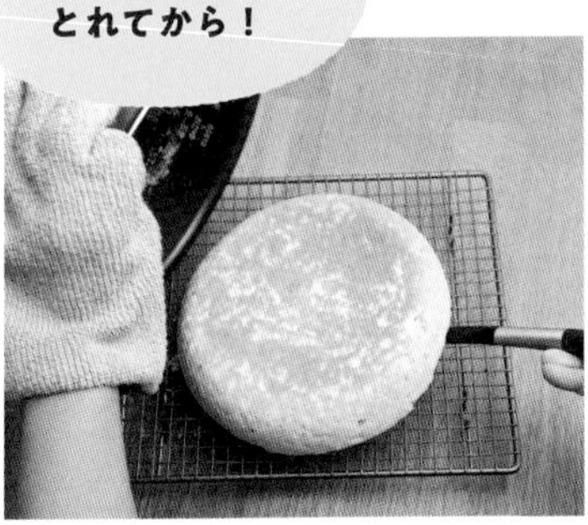

炊飯釜からとり出し、網などにのせて冷ます。

レーズンパン

たっぷり加えたレーズンの
素朴な甘みが味のポイント

材料（5.5合炊きの炊飯器1台分）

A		B	
強力粉…200g		牛乳…100g	
塩…3g		水…60g	
砂糖…15g		とかしバター（p.58）	
インスタント		…20g	
ドライイースト…3g		レーズン…70g	

1 | 生地を作る |

食パン風の作り方1の❶〜❸
（p.31）の要領で生地を作る。レ
ーズンを加えてまぜる。

2 | 発酵 |

〝ピ！〟
保温
40分

炊飯器にセットし、「保温」スイッ
チを押して40分おく。

⌄

生地が2倍にふくらんだらOK。

3 | 焼く |

〝ピ！〟
炊飯

焼き上がり

「炊飯」スイッチを押す。

黒ごまチーズパン

カリカリのチーズ×プチプチ食感のごまのおいしいコラボ

材料（5.5合炊きの炊飯器1台分）

A		B	
強力粉…200g		牛乳…100g	
塩…3g		水…60g	
砂糖…15g		とかしバター(p.58)	
インスタント		…20g	
ドライイースト…3g		ピザ用チーズ…40g	
いり黒ごま…大さじ3			

1 生地を作る

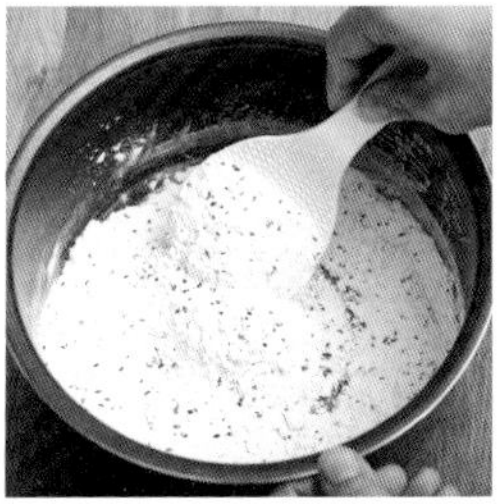

»

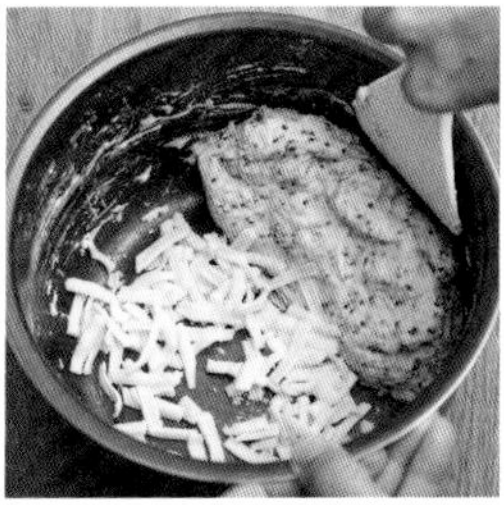

食パン風の作り方**1**の❶〜❸（p.31）の要領で生地を作る。生地を端に寄せてあいたところにチーズを入れ、その上に生地をのせて全体に広げる。

2 発酵

ピ！

保温 40分

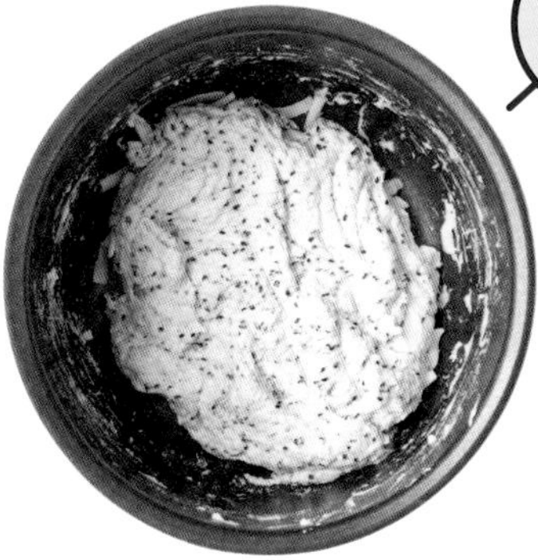

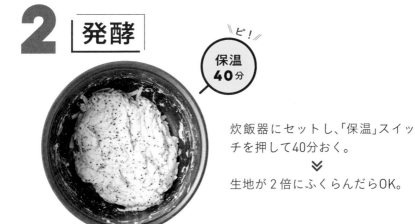

炊飯器にセットし、「保温」スイッチを押して40分おく。

︾

生地が２倍にふくらんだらOK。

3 焼く

ピ！

炊飯

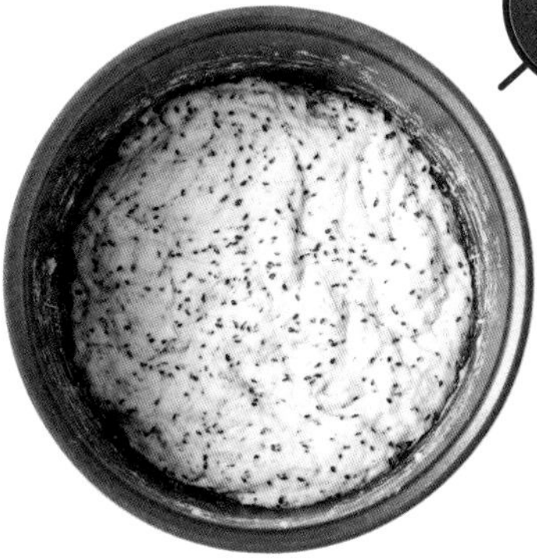

»

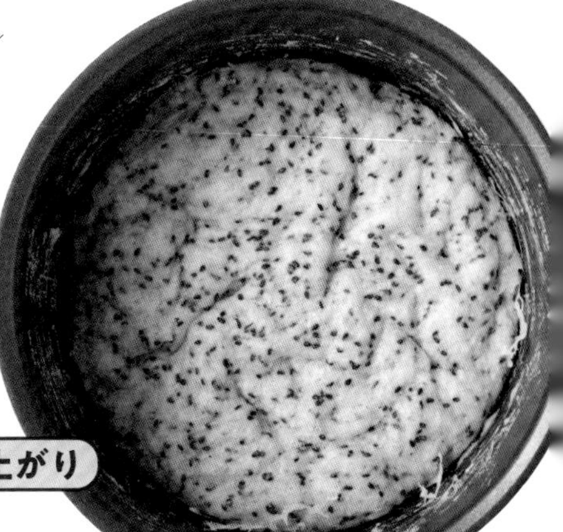

「炊飯」スイッチを押す。

材料（5.5合炊きの炊飯器1台分）

A 強力粉…200g
塩…3 g
砂糖…15g
インスタント
ドライイースト…3 g

B 牛乳…100g
水…60g
とかしバター(p.58)
…20g

C ベーコン（ブロック）
…50g
▶ 5 mm角に切る
玉ねぎ…¼個
▶ みじん切り
あらびき黒こしょう
…小さじ½

ベーコン
オニオン
ブレッド

黒こしょうで辛みのアクセントを
つければ、おつまみにも◎

1 　生地を作る

食パン風の作り方 **1** の**❶**〜**❸**（p.31）の要領で生地を作る。**C**を加えてまぜる。

2 　発酵

《ピ！》

**保温
40分**

炊飯器にセットし、「保温」スイッチを押して40分おく。

≫

生地が 2 倍にふくらんだらOK。

3 　焼く

《ピ！》

炊飯

≫

焼き上がり

「炊飯」スイッチを押す。

枝豆コーンパン

マヨネーズのコクが生地にからんで、食べごたえアップ

材料（5.5合炊きの炊飯器1台分）

A
強力粉…200g
塩…3g
砂糖…15g
インスタント
ドライイースト…3g

B
牛乳…100g
水…60g
とかしバター（p.58）
…20g

ホールコーン缶…60g
枝豆（冷凍・さやから出す）
　…60g
マヨネーズ…大さじ3

1 | 生地を作る

食パン風の作り方1の❶〜❸(p.31)の要領で生地を作る。ホールコーン、枝豆を加えてまぜ、マヨネーズを加えて生地の表面にまとわせる。

2 | 発酵

≫ピ！≪
保温
40分

炊飯器にセットし、「保温」スイッチを押して40分おく。

≫

生地が2倍にふくらんだらOK。

3 | 焼く

≫ピ！≪
炊飯

焼き上がり

「炊飯」スイッチを押す。

ハニークリームチーズパン

はちみつのやさしい甘みとクリームチーズの味わいは好相性

材料（5.5合炊きの炊飯器1台分）

A		B		
強力粉…200g		牛乳…100g		クリームチーズ…60g
塩…3g		水…60g		▶電子レンジで15秒ほど加熱
砂糖…15g		とかしバター(p.58)		してやわらかくする
インスタント		…20g		はちみつ…大さじ2
ドライイースト…3g				とかしバター(p.58)…10g

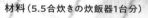

1 　生地を作る

食パン風の作り方 1 の❶〜❸（p.31）の要領で生地を作る。クリームチーズを大きめにちぎって加え、はちみつを加えてまぜる。とかしバターをかけ、生地の表面にまとわせる。

2 　発酵

》ピ！《

保温
40分

炊飯器にセットし、「保温」スイッチを押して40分おく。

⋙

生地が 2 倍にふくらんだらOK。

3 　焼く

》ピ！《

炊飯

焼き上がり

「炊飯」スイッチを押す。

マーマレード
マシュマロパン

マシュマロで生地がこっくりと甘く、底のアーモンドもカリッ!

材料(5.5合炊きの炊飯器1台分)

A		B	
強力粉…200g		牛乳…100g	
塩…3g		水…60g	
砂糖…15g		とかしバター(p.58)	
インスタント		…20g	
ドライイースト…3g	C	オレンジマーマレード	
		…40g	
		マシュマロ…25g	
		スライスアーモンド…30g	

1 | 生地を作る

食パン風の作り方1の❶〜❸(p.31)の要領で生地を作る。Cを加えてまぜ、生地を端に寄せてあいたところにスライスアーモンドを入れ、その上に生地をのせて形を整える。

2 | 発酵

≫ピ！≪

保温
40分

炊飯器にセットし、「保温」スイッチを押して40分おく。

≫

生地が2倍にふくらんだらOK。

3 | 焼く

≫ピ！≪

炊飯

 ≫

焼き上がり

「炊飯」スイッチを押す。

45

ココア
チョコチップパン

ちょっぴりビターなパン生地に
甘いチョコがいいバランス

材料（5.5合炊きの炊飯器1台分）

A		B	
強力粉…200g		牛乳…100g	
塩… 3 g		水…60g	
砂糖…15g		とかしバター(p.58)	
インスタント		…20g	
ドライイースト… 3 g		とかしバター(p.58)…10g	
ココアパウダー… 5 g			
チョコチップ…50g			

1 | 生地を作る

食パン風の作り方1の❶〜❸(p.31)
の要領で生地を作り、とかしバター
をかけて生地の表面にまとわせる。

2 | 発酵

《ピ!》
保温
40分

炊飯器にセットし、「保温」スイッ
チを押して40分おく。

≫

生地が2倍にふくらんだらOK。

《ピ!》
炊飯

3 | 焼く

「炊飯」スイッチを
押す。

焼き上がり

材料MEMO

ココアパウダー

カカオマス(チョコレ
ートの原料)からカカ
オバターをしぼり出
し、粉末にしたもの。
砂糖が添加されていな
いものを選んで。

甘納豆抹茶パン

抹茶の香り漂うパンに甘納豆を合わせて
和風仕立てに

材料（5.5合炊きの炊飯器1台分）		
A 強力粉…200g	**B**	牛乳…100g
塩…3g		水…60g
砂糖…15g		とかしバター(p.58)
インスタント		…20g
ドライイースト…3g		甘納豆…60g
抹茶…5g		とかしバター(p.58)…10g

1 | 生地を作る

食パン風の作り方1の❶〜❸(p.31)の要領で生地を作る。甘納豆を加えてまぜ、とかしバターをかけて生地の表面にまとわせる。

2 | 発酵

炊飯器にセットし、「保温」スイッチを押して40分おく。

⌄

生地が2倍にふくらんだらOK。

《ピ！》
保温
40分

《ピ！》
炊飯

3 | 焼く

「炊飯」スイッチを押す。

焼き上がり

材料MEMO

抹茶

碾茶(てんちゃ)を石臼でひいて粉末にしたもの。しけやすいので、冷凍室で保存するのがおすすめ。

全粒粉くるみパン

全粒粉の香ばしさが加わって
素朴だけれど力強い味

材料（5.5合炊きの炊飯器1台分）

A		B	
強力粉…160g		牛乳…100g	
全粒粉…40g		水…60g	
塩…3g		とかしバター(p.58)	
砂糖…15g		…20g	
インスタント		くるみ(素焼き)…50g	
ドライイースト…3g		▶あらいみじん切り	
		とかしバター(p.58)…10g	

1 │ 生地を作る

食パン風の作り方1の❶〜❸(p.31)の要領で生地を作る。くるみを加えてまぜ、とかしバターをかけて生地の表面にまとわせる。

2 │ 発酵

炊飯器にセットし、「保温」スイッチを押して40分おく。

生地が2倍にふくらんだらOK。

ピ！
保温
40分

ピ！
炊飯

3 │ 焼く

「炊飯」スイッチを押す。

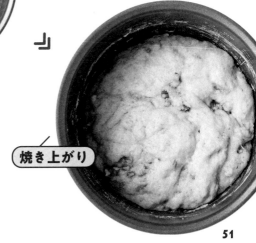

焼き上がり

材料 MEMO

全粒粉

小麦粉を精製せずにまるごとひいたもの。食物繊維やミネラル、ビタミンが豊富。香ばしさがきわ立つ、味わいのあるパンになる。

オリーブトマトパン

トマト味の色あざやかなパンに
サラミ＆オリーブをIN

材料（5.5合炊きの炊飯器1台分）

A
- 強力粉…200g
- 塩…3g
- インスタント
  　ドライイースト…3g

B
- トマト缶（カットタイプ）
  　…180g
- 水…20g
- オリーブオイル…大さじ1

- オリーブ（種なし・ブラック、
  　グリーン）…合わせて50g
  　▶ **7㎜幅の輪切りにする**
- サラミ（薄切り）…7枚
  　▶ **4等分に切る**
- オリーブオイル…大さじ1

1 ┃ 生地を作る

食パン風の作り方1の**❶**
〜❸(p.31)の要領で生地
を作る。オリーブ、サラ
ミを加えてまぜ、オリー
ブオイルをかけて生地の
表面にまとわせる。

2 ┃ 発酵

〟ピ！〟
保温
40分

炊飯器にセットし、「保温」スイッ
チを押して40分おく。

⌄⌄

生地が2倍にふくらんだらOK。

3 ┃ 焼く

〟ピ！〟
炊飯

≫

焼き上がり

「炊飯」スイッチを押す。

ピーチブリオッシュ

卵入りのやさしい甘みのパンと白桃の組み合わせが絶妙

材料（5.5合炊きの炊飯器1台分）

A	強力粉…150g	**B**	卵…2個
	薄力粉…50g		▶ ときほぐす
	塩…3g		牛乳…適量
	砂糖…20g		▶ 卵と合わせて200gにする
	インスタント		とかしバター(p.58)…20g
	ドライイースト…3g	**C**	白桃缶(半割り)…2個
			▶ 7mm厚さに切る
			バター…20g
			▶ 5mm角に切る

54

1 | 生地を作る

食パン風の作り方1の❶〜❸(p.31)の要領で生地を作る。生地を片側に寄せ、あいたところにCの半量を入れる。その上に生地をのせながら反対側に寄せ、同様に残りのCを入れ、生地を全体に広げる。

2 | 発酵

炊飯器にセットし、「保温」スイッチを押して40分おく。

⌄⌄

生地が2倍にふくらんだらOK。

《ピ！》
保温
40分

3 | 焼く

「炊飯」スイッチを押す。

《ピ！》
炊飯

焼き上がり

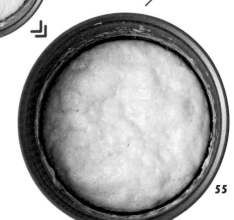

材料MEMO

白桃缶

白桃をシロップ漬けにしたもの。フルーツも缶詰なら買いおきができて、下ごしらえも簡単。好みで黄桃缶を使ってもOK。

冷めてもやわらか&もっちり

米粉パンを焼いてみよう

もちもちとした食感が人気の米粉パンが、炊飯器でもおいしく焼けます。
焼くときに炊飯釜にくっつきやすいので、ボウルで生地を作り、
炊飯釜にオーブンシートを敷いて焼くのがポイントです。

材料（5.5合炊きの炊飯器1台分）

A	米粉…200g
	塩…3g
	砂糖…10g
	インスタント
	ドライイースト…3g
B	水…170g
	サラダ油…10g

材料MEMO

米粉

米を砕いて粉状にしたもの。パンには上新粉や白玉粉などではなく、パン・製菓用の米粉を選んで。この本では「ミズホチカラ」を使用。

1 生地を作る

ボウルに**A**を入れ、しゃもじでざっとまぜる。**B**を加え、粉っぽさがなくなるまでまぜる。

炊飯釜にオーブンシートを敷き(p.59)、生地を流し入れてゴムべらで表面を平らにならす。

2 発酵

≪ピ!≫
保温
40分

炊飯器にセットし、「保温」スイッチを押して40分おく。

≫

生地が2倍にふくらんだらOK。

3 焼く

≪ピ!≫
炊飯

焼き上がり

「炊飯」スイッチを押す。

オーブンシートごと持ってとり出し、網などにのせて冷ます。

こんなときどうする？ Q & A

Q1
室温に
もどすとは？

A 室内と同じ温度に
することです

冷蔵室で冷やしておいたものを庫外に出し、しばらくそのままにしておいて室内と同じくらいの温度（20〜25度）にすること。バターはラップで包んで手でもむと、早く室温にもどってやわらかくなり、ほかの材料とまぜやすくなります。

Q2
とかしバターって
どうやって作るの？

A 少量なら
電子レンジがラク

少量のバターをとかすなら、電子レンジを使うと簡単。耐熱容器に入れてラップをかけずに加熱します。加熱時間の目安は、600Wの電子レンジでバター10〜30gで10〜20秒、50gで30秒。まだとけていないようなら、様子を見ながら10秒ずつ加熱してください。

Q3
イーストが
なかなかとけません

A 牛乳は人肌にあたためて

PART2では、牛乳や水などの水分にインスタントドライイーストを入れ、沈むまでそのままおきます。このとき水分が冷たすぎるとイーストがとけにくく、なかなか沈みません。ここで5分以上おくと、イースト菌の元気がなくなってしまうので、イーストがとけやすいよう、牛乳は人肌にあたためます。それでもなかなか沈まない場合は、ボウルの底を台につけたままやさしく揺らしてみて。イーストがダマになった場合でも、できるだけとかして加えれば、そのまま生地を作っても大丈夫。

Q4
パン生地は
こねすぎってありますか？

A こねすぎてしまう心配はありません

PART1のパン生地は水分が多いので、しゃもじでまぜるだけで作れます。まぜるうちにだんだん生地が重くなってまぜにくくなりますが、全体がまとまってくればOK。PART2のパン生地は水分が少ないので手でこねる必要があり、その分、きめこまかいパンに焼き上がります。手でこねる分にはこねすぎることはないので大丈夫。生地が手にベタつかなくなるまで3〜4分を目安にこねましょう。

Q5

パン生地があまり
ふくらんでいないけれど
発酵はまだ?

A 約2倍にふくらまないなら
保温時間をのばして

生地のまぜ方や室温などで発酵の状態は変わってきます。寒い季節は発酵に時間がかかることがあるので、目で見て生地が約2倍にふくらんでいないようなら、もう一度「保温」スイッチを押し、5〜10分おきに様子を確認しながら発酵させてください。

Q7

パンの焼き上がりは
どのように確認すれば
いいですか?

A 真ん中をさわって確認

真ん中を指で軽く押してみて、弾力があれば焼けています。ベチョッとした感じがあったら、まだ生焼け。もう一度「炊飯」スイッチを押して、10分おきくらいに様子を確認しながら焼きましょう。それでもうまくいかないときはパン生地の上下を返して同様に焼いてみても。すぐに食べたいときは生地を耐熱皿にのせ、ラップをふんわりとかけ、電子レンジで様子を見ながら1〜2分ずつ加熱したり、スライスしてオーブントースターで焼くと、おいしく食べられます。

Q6

ケーキの焼き上がりの
サインは?

A 竹ぐしを真ん中に刺してみて

真ん中に竹ぐしを刺してみて、生地がついてこなければ大丈夫。逆にドロッとした生地がついてくるときはまだ焼けていないので、もう一度「炊飯」スイッチを押して、10分おきくらいに火の通り具合を確認しながら焼きましょう。

Q8

焼き上がったパンが
炊飯釜にくっつきます

A オーブンシートを敷いて焼いて

炊飯釜に傷があったり、古かったりする場合、焼き上がりの生地が炊飯釜にくっつく場合があります。次回から炊飯釜にオーブンシートを敷いてから焼きましょう。

オーブンシートの敷き方

オーブンシートを炊飯釜の口径より10〜15cm長く切り、底に敷く。

シートの立ち上がりの部分に、ハサミで縦に4〜5カ所切り込みを入れる。

シートを敷いたところ。

生地を入れたあと、炊飯釜の上からはみ出したシートを切りとる。

パンやケーキの保存について

焼き上がったパンは、冷めたらポリ袋に入れます。ケーキは完全に冷めたらラップで包み、どちらも常温で保存します。

保存期間

常温で2～3日

※ごろごろバナナパン(p.24)、ちぎりクリームパン(p.80)、
　バナナケーキ(p.106)、アップルケーキ(p.116)、
　ハムとコーンのチーズケークサレ(p.122)は翌日までに食べきる。
※肉まん(p.96)は1切れずつラップで包み、冷蔵室で保存。
　2～3日保存可。食べるときは電子レンジであたためる。
※チーズケーキ(p.108)は冷蔵室で保存する。3日ほど保存可。

ラッピングして
おすそ分け♪

※真夏の暑い時期は、その日に食べきるほうが安心。食べきれない分は、パンは冷凍保存(下記参照)、PART3のケーキなどは冷蔵保存がおすすめ。

食べきれないパンは
冷凍保存がおすすめ

食べきれない分は、完全に冷めきったところで冷凍保存するのがおすすめ。食べやすく切ってラップできっちりと包み、冷凍用保存袋に入れて冷凍室へ。

保存期間　**冷凍室で約2週間**

食べるときは　自然解凍するか、凍ったまま電子レンジで10秒ほどあたためてからトーストする。

PART
2

ピ!

ピ!

発酵2回で
成形パン

まぜるだけのパン作りに慣れたら、成形パンにトライ！
生地の水分量が少なく、手でこねる分、
きめこまかいふわふわパンに焼き上がります。
一次発酵した生地を成形したあとの二次発酵も
もちろん炊飯器まかせ。
具材を巻いたり、包んだり、ねじったりして
バリエーションも楽しめます。

ロールパン

しっとりやわらかなパン生地をくるくるっ！　手でちぎってどうぞ

材料（5.5合炊きの炊飯器1台分）

A ┃ 強力粉…200g
　┃ 塩…3g
　┃ 砂糖…15g
B ┃ 牛乳…100g
　┃ 水…40g
　┃ インスタントドライイースト…3g

とかしバター（p.58）
　…20g
強力粉（打ち粉用）…適量

1 | 生地を作る

1 Bの牛乳は耐熱ボウルに入れ、ラップをかけずに電子レンジで20秒ほど加熱し、人肌にあたためる。水を加え、ドライイーストを全体に広げるように振り入れる。イーストが沈むまでそのままおく(p.58)。

2 炊飯釜にAを入れ、しゃもじでざっとまぜる。

3 **1**、とかしバターを加える。

4 粉っぽさがなくなってまとまるまでまぜる。

> POINT!
> **釜を回しながら
> いろいろな
> 方向からこねて!**

5 手で生地を半分に折り、グーパンチする。反対の手で炊飯釜を回しながら、これを3〜4分くり返す。生地がベタベタしなくなってきたら丸くまとめる。

2 一次発酵

《ピ！》
保温
40分

発酵完了

炊飯器にセットし、「保温」スイッチを押して40分おく。

生地が2倍にふくらんだらOK。

※生地のふくらみが弱い場合は、もう一度「保温」スイッチを押し、5〜10分おきに様子を確認しながら発酵させる。

3 成形して切る

台に打ち粉をし、生地をのせる。手で押しながら横18cm×縦20cmにのばす。

手前からくるくる巻く。

合わせ目を指でつまんでとじる。

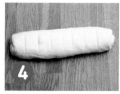

とじ目を下にしておき、8等分の印をつけてカードで切る。炊飯釜に切り口を上にして並べる。

4 二次発酵

ピ！

保温
20分

炊飯器にセットし、「保温」
スイッチを押して20分おく。

⌄⌄

生地が2倍にふくらんだら
OK。

※生地のふくらみが弱い場合は、
もう一度「保温」スイッチを押し、
5〜10分おきに様子を確認しな
がら発酵させる。

5 焼く

ピ！

炊飯　「炊飯」スイッチを押す。

焼き上がり

炊飯釜からとり出し、網などにのせ
て冷ます。

※スイッチが切れたら、パンの真ん中を押
してみる。ベチョッとするようなら、もう
一度「炊飯」スイッチを押し、10分おきに
様子を確認しながら焼く。

シナモン
ロールパン

仕上げにチーズの
フロスティングを
たっぷりのせた本格派
作り方はp.68

しらすのりチーズ
ロールパン

しらす、のり、しょうゆの和素材に
チーズが意外なほどよく合う

作り方はp.68

シナモンロールパン

材料（5.5合炊きの炊飯器1台分）

A │ 強力粉…200g
　│ 塩… 3 g
　│ 砂糖…15g

B │ 牛乳…100g
　│ 水…40g
　│ インスタント
　│ 　ドライイースト… 3 g

とかしバター（p.58）…20g
強力粉（打ち粉用）…適量

フィリング
　│ シナモンパウダー
　│ 　…大さじ 1
　│ 黒砂糖…30g
　│ バター…40g ▶ 室温にもどす

フロスティング
　│ クリームチーズ…60g
　│ 　▶ 室温にもどす
　│ バター…20g ▶ 室温にもどす
　│ 砂糖…30g

しらすのりチーズ
ロールパン

材料（5.5合炊きの炊飯器1台分）

A │ 強力粉…200g
　│ 塩… 3 g
　│ 砂糖…15g

B │ 牛乳…100g
　│ 水…40g
　│ インスタント
　│ 　ドライイースト… 3 g

とかしバター（p.58）…20g
強力粉（打ち粉用）…適量

フィリング
　│ しょうゆ…小さじ 2
　│ 焼きのり（全型）… 1 枚
　│ しらす干し…20g
　│ ピザ用チーズ…40g

1 ｜生地を作る｜

ロールパンの作り方 **1** の ❶〜❺
（p.63）の要領で生地を作る。

2 一次発酵

≪ピ！≫

保温 40分

発酵完了

ロールパンの作り方 **2**（p.64）の要領で一次発酵させる。

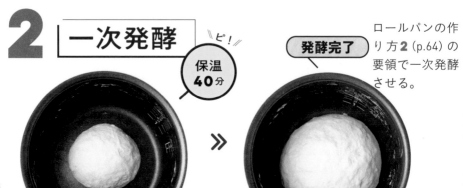

3 成形して切る

 ≫

シナモンロールパン
フィリングの材料はまぜ合わせる。ロールパンの作り方 **3** の **❶**（p.64）の要領で生地をのばす。奥1㎝を残してフィリングを塗り、ロールパンの作り方 **3** の **❷**〜**❹**（p.64）の要領で巻いて8等分に切り、炊飯釜に切り口を上にして並べる。

 ≫

しらすのりチーズロールパン
ロールパンの作り方 **3** の **❶**（p.64）の要領で生地をのばす。奥1㎝を残してしょうゆを塗り、のりをのせ、奥1㎝を残してしらす、チーズを散らす。ロールパンの作り方 **3** の **❷**〜**❹**（p.64）の要領で巻いて8等分に切り、炊飯釜に切り口を上にして並べる。

4 二次発酵

≫ピ！≪

保温20分

炊飯器にセットし、「保温」スイッチを押して20分おく。

⌄

生地が2倍にふくらんだらOK。

5 焼く

≫ピ！≪

炊飯

「炊飯」スイッチを押す。

焼き上がり

シナモンロールパンは、冷めたら、よくまぜ合わせたフロスティングを⅛量ずつのせる。

コーヒーナッツ
ロールパン

コーヒーのほろ苦さで、ちょっぴり大人の味わい

材料（5.5合炊きの炊飯器1台分）

A	強力粉…200g		とかしバター(p.58)…20g
	塩…3g		強力粉(打ち粉用)…適量
	砂糖…15g		ミックスナッツ(素焼き)
	ココアパウダー…5g		…40g ▶ あらいみじん切り
B	牛乳…100g	C	インスタントコーヒー
	水…40g		…大さじ1
	インスタントドライイースト		▶ ぬるま湯小さじ1でとく
	…3g		砂糖…30g
			バター…20g ▶ 室温にもどす
			塩…少々

1 生地を作る

ロールパンの作り方 1 の❶〜❺
(p.63)の要領で生地を作る。

2 一次発酵

≫ピ!≫

保温
40分

炊飯器にセットし、
「保温」スイッチを押
して40分おく。

≫

発酵完了

生地が2倍にふくら
んだらOK。

3 成形して切る

Cはまぜ合わせる。ロールパンの作り方
3 の❶(p.64)の要領で生地をのばす。奥
1cmを残してCを塗り、ミックスナッツ
を散らす。ロールパンの作り方3の❷〜
❹(p.64)の要領で巻いて8等分に切り、
炊飯釜に切り口を上にして並べる。

4 二次発酵

≫ピ!≫

保温
20分

炊飯器にセットし、「保温」スイ
ッチを押して20分おく。

≫

生地が2倍にふくらんだらOK。

5 焼く

≫ピ!≫

炊飯

「炊飯」スイッチを
押す。

≫

焼き上がり

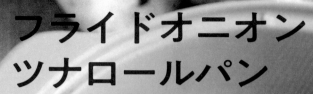

フライドオニオン
ツナロールパン

フライドオニオンやツナの
強いうまみでおいしさ倍増

材料（5.5合炊きの炊飯器1台分）

A　強力粉…200g
　　塩…3g
　　砂糖…15g
B　牛乳…100g
　　水…40g
　　インスタントドライイースト
　　…3g

とかしバター（p.58）…20g
フライドオニオン…20g
強力粉（打ち粉用）…適量
C　ツナ缶…1缶（70g）
　　▶缶汁をきる
　　マヨネーズ…大さじ1

1 生地を作る

ロールパンの作り方 **1** の**❶**〜**❺**(p.63)の要領で生地を作り、フライドオニオンを散らす。カードで生地を半分に切り、片方を重ねて手で上から押す作業をくり返す。全体にまざったら丸くまとめる。

2 一次発酵

保温
40分

炊飯器にセットし、「保温」スイッチを押して40分おく。

≫

発酵完了

生地が2倍にふくらんだらOK。

3 成形して切る

Cはまぜ合わせる。ロールパンの作り方 **3** の**❶**(p.64)の要領で生地をのばす。奥1cmを残して**C**を塗る。ロールパンの作り方 **3** の**❷**〜**❹**(p.64)の要領で巻いて8等分に切り、炊飯釜に切り口を上にして並べる。

4 二次発酵

ピ！

保温
20分

炊飯器にセットし、「保温」スイッチを押して20分おく。

≫

生地が2倍にふくらんだらOK。

5 焼く

ピ！

炊飯

「炊飯」スイッチを押す。

≫

焼き上がり

カレーベーコンロールパン

カレー風味のパン生地にベーコン&マスタードがマッチ

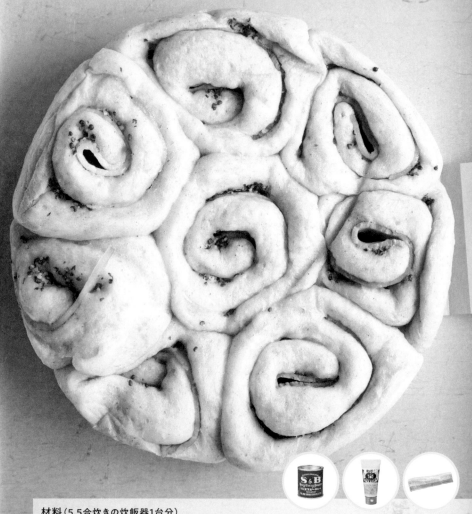

材料（5.5合炊きの炊飯器1台分）

A		B			
強力粉…200g		牛乳…100g		とかしバター(p.58)	
塩…3g		水…40g		…20g	
砂糖…15g		インスタント		強力粉(打ち粉用)…適量	
カレー粉…3g		ドライイースト…3g		粒マスタード…大さじ3	
				ベーコン…3枚	

74

1 | 生地を作る

ロールパンの作り方1の❶〜❺
(p.63)の要領で生地を作る。

2 | 一次発酵

≋ピ！≋

保温 40分

炊飯器にセットし、
「保温」スイッチを
押して40分おく。

≫

発酵完了

生地が2倍にふくら
んだらOK。

3 | 成形して切る

ロールパンの作り方3の❶(p.64)の要領
で生地をのばす。奥1cmを残して粒マス
タードを絞り、ベーコンをのせる。ロー
ルパンの作り方3の❷〜❹(p.64)の要領
で巻いて包丁で8等分に切り、炊飯釜に
切り口を上にして並べる。

4 | 二次発酵

≋ピ！≋

保温 20分

炊飯器にセットし、「保温」スイ
ッチを押して20分おく。

≫

生地が2倍にふくらんだらOK。

5 | 焼く

≋ピ！≋

炊飯

「炊飯」スイッチを押す。

≫

焼き上がり

ちぎりパン

ぷくぷくとした焼き上がりが、なんともかわいい

材料(5.5合炊きの炊飯器1台分)

A		B	
強力粉…200g		牛乳…100g	
塩…3g		水…40g	
砂糖…15g		インスタントドライイースト…3g	
		とかしバター(p.58)…20g	
		強力粉(打ち粉用)…適量	

1 生地を作る

ロールパンの作り方**1**の**①**〜**⑤**
(p.63)の要領で生地を作る。

2 一次発酵

≫ピ！≪

保温
40分

炊飯器にセットし、
「保温」スイッチを押
して40分おく。

生地が2倍にふくらん
だらOK。

※生地のふくらみが弱い場
合は、もう一度「保温」スイ
ッチを押し、5〜10分お
きに様子を確認しながら発
酵させる。

発酵完了

3 | 分割して成形する

POINT!

棒状に
しておくと
分割しやすい!

生地の全量をはかり、10等分する際の1個の分量を出す。台に打ち粉をして生地をのせ、カードで2カ所ほど切り込みを入れ、棒状にのばす。

長辺をくるっと折り、90度回転させて同様に折る。これをあと3回くり返す。

生地をはかりながら10等分する。

合わせ目を指でつまんでとじ、残りの生地も同様にする。炊飯釜にとじ目を下にして並べる。

4 │二次発酵

≫ピ！≫

保温
20分

炊飯器にセットし、「保温」
スイッチを押して20分おく。

≫

生地が2倍にふくらんだら
OK。

※生地のふくらみが弱い場合は、
もう一度「保温」スイッチを押し、
5〜10分おきに様子を確認しな
がら発酵させる。

ちぎって
食べるのが
楽しいね〜

5 │焼く

≫ピ！≫

炊飯

「炊飯」スイッチ
を押す。

↳

焼き上がり

炊飯釜からとり出し、網などにのせ
て冷ます。

※スイッチが切れたら、パンの真ん中を押
してみる。ベチョッとするようなら、もう
一度「炊飯」スイッチを押し、10分おきに
様子を確認しながら焼く。

ちぎりクリームパン

カスタードクリームは電子レンジで手軽に作って

材料（5.5合炊きの炊飯器1台分）

A 強力粉…200g
　塩…3g
　砂糖…15g

B 牛乳…100g
　水…40g
　インスタント
　　ドライイースト…3g

とかしバター（p.58）…20g
強力粉（打ち粉用）…適量
カスタードクリーム（右記参照）
　…適量

カスタードクリーム

材料（作りやすい分量）

薄力粉…15g　砂糖…50g　卵…1個
牛乳…180g　バニラオイル…少々
バター…10g

1 耐熱ボウルに薄力粉、砂糖を入れて泡立て器でまぜ、とき卵を加えてなめらかになるまでまぜる。牛乳を少しずつ加え、そのつどなめらかになるまでまぜる。

2 ラップをふんわりとかけ、電子レンジで1分30秒加熱する。

3 とり出してよくまぜる。もったりとしたクリーム状になるまで、30秒加熱してはまぜるのをくり返す。

4 バニラオイル、バターを加えてまぜる。バットなどにとり出し、表面をラップでおおい、あら熱をとる（保冷剤をバットの下に敷き、さらにラップの上にものせると早く冷える）。冷蔵室に入れて冷やす。

※保存期間／冷蔵1～2日

1 | 生地を作る

ロールパンの作り方 **1** の ❶〜❺
(p.63)の要領で生地を作る。

2 | 一次発酵

ロールパンの作り方 **2** (p.64)の要領
で一次発酵させる。

3 | 分割して成形する

ちぎりパンの作り方**3**の ❶、❷
(p.78)の要領で生地を 8 等分する。
手で丸く平らにならし、カスター
ドクリーム大さじ 1 弱をのせる。

周辺の生地を指でつまんでとじる
(周辺の生地にクリームがつくと、生
地同士がくっつかなくなるので注意)。
残りの生地も同様にする。炊飯釜
にとじ目を下にして並べる。

4 | 二次発酵

《ピ!》

保温
20分

炊飯器にセットし、「保温」スイ
ッチを押して20分おく。

生地が 2 倍にふくらんだらOK。

5 | 焼く

《ピ!》

炊飯

「炊飯」スイッチを
押す。

焼き上がり

チーズ
ちぎりパン

生地をこまかく分割して
小さなキャンディーチーズをIN

材料（5.5合炊きの炊飯器1台分）

A		B			
	強力粉…200g		牛乳…100g		とかしバター(p.58)…20g
	塩…3g		水…40g		強力粉(打ち粉用)…適量
	砂糖…15g		インスタント		キャンディーチーズ
			ドライイースト…3g		…12個

1 生地を作る

ロールパンの作り方**1**の**①**〜**⑤**
(p.63)の要領で生地を作る。

2 一次発酵

ロールパンの作り方**2**(p.64)の要領
で一次発酵させる。

3 分割して成形する

ちぎりパンの作り方**3**の**①**、**②**
(p.78)の要領で生地を12等分する。
手で平らにならし、真ん中にキャ
ンディーチーズ1個をのせる。

周辺の生地を指でつまんでとじる。
残りの生地も同様にする。炊飯釜
にとじ目を下にして並べる。

4 二次発酵

》ピ！《

保温
20分

炊飯器にセットし、「保温」スイ
ッチを押して20分おく。
≫
生地が2倍にふくらんだらOK。

5 焼く

》ピ！《

炊飯

「炊飯」スイッチを
押す。

焼き上がり

モンキーブレッド

メープルシロップがしみたパンに、ナッツの歯ごたえが楽しい

材料（5.5合炊きの炊飯器1台分）

A	強力粉…200g	B	牛乳…100g	とかしバター（p.58）…20g
	塩…3g		水…40g	強力粉（打ち粉用）…適量
	砂糖…15g		インスタントドライ	ミックスナッツ（素焼き）…50g
			イースト…3g	▶あらいみじん切り
				メープルシロップ…大さじ2

1 生地を作る

ロールパンの作り方**1**の❶〜❺ (p.63)の要領で生地を作る。

2 一次発酵

ロールパンの作り方**2** (p.64)の要領で一次発酵させる。

3 分割して成形する

台に打ち粉をし、生地をのせる。手で押してのばし、30等分する。

炊飯釜に入れてミックスナッツを散らし、メープルシロップを回しかける。

しゃもじでやさしくまぜ、生地にナッツとメープルシロップをからめる。

4 二次発酵

〝ピ!〟

保温 **20**分

炊飯器にセットし、「保温」スイッチを押して20分おく。

≫

生地が2倍にふくらんだらOK。

5 焼く

〝ピ!〟

炊飯

「炊飯」スイッチを押す。

焼き上がり

ウインナロールパン

細長く切った生地をソーセージに巻くだけだからラクラク

材料（5.5合炊きの炊飯器1台分）			
A	強力粉…200g	B 牛乳…100g	とかしバター(p.58)…20g
	塩…3g	水…40g	強力粉(打ち粉用)…適量
	砂糖…15g	インスタントドライ イースト…3g	ウインナソーセージ…8本

1 | 生地を作る

ロールパンの作り方 **1** の **❶**〜**❺**
(p.63)の要領で生地を作る。

2 | 一次発酵

ロールパンの作り方 **2** (p.64)の要領
で一次発酵させる。

3 | 分割して成形する

台に打ち粉をし、生地をのせる。
手で押しながら横14㎝×縦18㎝に
のばし、縦8等分の印をつける。

カードで切る。

ソーセージの真ん中に生地をか
け、片方ずつ端に向かって巻きつ
ける。炊飯釜に巻き終わりを下に
して並べる。

4 | 二次発酵

〝ピ！〟

保温
20分

炊飯器にセットし、「保温」スイ
ッチを押して20分おく。

生地が2倍にふくらんだらOK。

5 | 焼く

〝ピ！〟

炊飯

「炊飯」スイッチを
押す。

焼き上がり

好みでトマトケ
チャップをかけ
ても。

ねじねじあみあんパン

ねじって巻いた形が新鮮! どこを食べてもあんに当たる

材料（5.5合炊きの炊飯器1台分）

A		B		
	強力粉…200g		牛乳…100g	とかしバター(p.58)…20g
	塩…3g		水…40g	強力粉(打ち粉用)…適量
	砂糖…15g		インスタントドライ イースト…3g	粒あん(またはこしあん)…100g

1 　生地を作る

ロールパンの作り方1の❶～❺(p.63)の要領で生地を作る。

2 　一次発酵

ロールパンの作り方2(p.64)の要領で一次発酵させる。

3 　分割して成形する

台に打ち粉をし、生地をのせる。手で押しながら横12cm×縦30cmにのばし、縦半分に切る。片方に粒あんを塗る。

もう片方の生地をのせる。

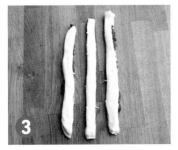

カードで縦3等分に切る。

1切れを両端を逆方向に回転
させながらねじる。

うず巻き状にする。

もう1切れも同様にねじり、
❺の外側にくっつけながらう
ず巻き状にする。

残りの1切れも同様にし、炊
飯釜に入れる。

4 | 二次発酵

ピ!

保温
20分

炊飯器にセットし、「保温」
スイッチを押して20分おく。

⋙

生地が2倍にふくらんだら
OK。

※生地のふくらみが弱い場合は、
もう一度「保温」スイッチを押し、
5〜10分おきに様子を確認しな
がら発酵させる。

5 | 焼く

ピ!

炊飯

「炊飯」スイッチを押す。

焼き上がり

炊飯釜からとり出し、網などにのせ
て冷ます。

※スイッチが切れたら、パンの真ん中を押
してみる。ベチョッとするようなら、もう
一度「炊飯」スイッチを押し、10分おきに
様子を確認しながら焼く。

ねじねじあみ
ベーコンバジルパン

バジルのさわやかな香りが食欲を刺激する

材料（5.5合炊きの炊飯器1台分）

A	強力粉…200g	とかしバター(p.58)…20g
	塩…3g	強力粉(打ち粉用)…適量
	砂糖…15g	バジルソース(市販品)
B	牛乳…100g	…大さじ1
	水…40g	ベーコン…3枚
	インスタントドライ	
	イースト…3g	

材料MEMO

バジルソース

ここでは、ゆでたパスタにかけるバジルソースを使用。もちろんバジルペーストでもOK。

1 生地を作る

ロールパンの作り方 **1** の **①**〜**⑤**
(p.63)の要領で生地を作る。

2 一次発酵

ロールパンの作り方 **2** (p.64)の要領
で一次発酵させる。

3 分割して成形する

台に打ち粉をし、生地をのせる。
手で押しながら横20cm×縦20cmに
のばし、縦半分に切る。片方にバ
ジルソースを塗り、ベーコンをの
せる。

もう片方の生地をのせ、カードで
縦4等分に切る。

ねじねじあみあんパンの作り方 **3**
の **④**〜**⑦**(p.90)の要領でうず巻き
状にし、炊飯釜に入れる。

4 二次発酵

∥ピ!∥

保温
20分

炊飯器にセットし、「保温」スイ
ッチを押して20分おく。

≫

生地が2倍にふくらんだらOK。

5 焼く

∥ピ!∥

炊飯

「炊飯」スイッチを
押す。

焼き上がり

生クリーム食パン

生地に生クリームをねり込むから、しっとり&リッチな味わい

材料（5.5合炊きの炊飯器1台分）

A
強力粉…150g
薄力粉…50g
塩…3g
砂糖…20g

B
生クリーム
（乳脂肪分35%）…100g
水…75g
インスタントドライ
イースト…3g
とかしバター(p.58)…20g
強力粉(打ち粉用)…適量

材料MEMO

生クリーム

「フレッシュ」「ホイップ」などと
書かれている植物性ではなく、動
物性を選んで。ここでは乳脂肪分
35%のものを使用。

1 生地を作る

ロールパンの作り方 1 の ❶〜❺
（p.63）の要領で生地を作る（**B**の
生クリームは牛乳と同様に電子レン
ジで人肌にあたためる）。

2 一次発酵

〟ピ！〟

保温
40分

炊飯器にセットし、
「保温」スイッチを
押して40分おく。

≫

（発酵完了）

生地が2倍にふくら
んだらOK。

3 分割して成形する

生地の全量をはかり、
きっちり3等分する。
台に打ち粉をして生地
をのせ、手で押しての
ばす。

手前を折り、奥も折る。

90度回転させ、手前
からくるっと巻く。残
りの生地も同様にする。
炊飯釜に巻き終わりを
下にして並べる。

4 二次発酵

〟ピ！〟

保温
20分

炊飯器にセットし、「保温」スイ
ッチを押して20分おく。

≫

生地が2倍にふくらんだらOK。

5 焼く

〟ピ！〟

炊飯

「炊飯」スイッチを
押す。

≫

（焼き上がり）

肉まん

ふわふわの生地の中からジューシーなあんがジュワ〜

材料（5.5合炊きの炊飯器1台分）

A
| 強力粉…50g
| 薄力粉…150g
| 塩…3g
| 砂糖…15g
| ベーキングパウダー…5g

B
| 水…120g
| インスタント
|　　ドライイースト…3g

サラダ油…5g

ひき肉だね

豚ひき肉…150g
玉ねぎ（みじん切り）…½個
かたくり粉…5g
パン粉、しょうゆ、ごま油…各大さじ1
鶏ガラスープのもと…小さじ1

▶ ボウルにすべての材料を入れて
まぜ合わせる

1 生地を作る

ボウルに**B**の水を入れ、ドライイーストを全体に広げるように振り入れる。イーストが沈むまでそのままおく(p.58)。

❶、サラダ油を加える。

炊飯釜に**A**を入れ、しゃもじでざっとまぜる。

粉っぽさがなくなるまでまぜる。ロールパンの作り方1の❺(p.63)の要領でこねる。

2 一次発酵

保温
40分

炊飯器にセットし、「保温」スイッチを押して40分おく。

発酵完了

生地が2倍にふくらんだらOK。

3 分割して成形する

ちぎりパンの作り方 3 の❶〜❹ (p.78) の要領で 8 等分し、折って合わせ目をとじる。

とじ目を上にし、手で直径 8 cmにのばす。

ひき肉だねを 8 等分して丸め、生地にのせる。対角線同士を合わせるようにして包む(周辺の生地に肉だねの脂がつくと、生地同士がくっつかなくなるので注意)。

合わせ目をしっかりとじる。炊飯釜に水50ml(分量外)を入れてオーブンシートを敷き、生地を合わせ目を上にして並べる。

4 二次発酵

≪ピ！≫
**保温
20分**

炊飯器にセットし、「保温」
スイッチを押して20分おく。

▼

生地が２倍にふくらんだら
OK。

※生地のふくらみが弱い場合は、
もう一度「保温」スイッチを押し、
５〜10分おきに様子を確認しな
がら発酵させる。

5 焼く

≪ピ！≫
炊飯　「炊飯」スイッチを押す。

焼き上がり

オーブンシートごと持ってとり出す。

※スイッチが切れたら、肉まんの真ん中を
押してみる。ベチョッとするようなら、も
う一度「炊飯」スイッチを押し、10分おき
に様子を確認しながら焼く。

PART 1

残ったパンをおいしく使いきり!
のっけパン

好きなパンをスライスして具をのっけるだけの手軽さが
忙しい朝やおやつにぴったり。いろいろなパンで試してみて!

> クリーミーなアボカドに
> うまみのあるツナが好相性

アボカドツナ

好みのパン(1㎝厚さに切る)
はバターを塗り、アボカド
(皮と種を除いて5㎜厚さに切
る)、ツナ缶(缶汁をきる)を
のせる。オーブントースター
で軽く焼く。

> 焼けたマシュマロの
> とろ~り食感がやみつき

マシュマロチョコ

好みのパン(1㎝厚さに切る)にマ
シュマロ、板チョコレート(一口大
に割る)をのせる。オーブントース
ターでマシュマロに軽く焼き色がつ
くまで焼く。

意外だけれど
リピート必至の組み合わせ

納豆チーズ

好みのパン（1㎝厚さに切る）に<u>納豆</u>（付属のたれを加えてまぜる）をのせ、ピザ用チーズを散らす。オーブントースターでチーズがとけるまで焼く。

黒こしょうの香りと
辛みがアクセントに

卵サラダ

好みのパン（1㎝厚さに切る）はオーブントースターで軽く焼く。ボウルに<u>ゆで卵</u>（殻をむいて白身はあらいみじん切りにする）、<u>マヨネーズ</u>（ゆで卵1個につき大さじ1）を入れてまぜ、パンにのせて<u>あらびき黒こしょう</u>を振る。

きな粉やごまの香ばしさが
食欲をそそる

黒ごまきな粉

<u>きな粉、砂糖、いり黒ごま、バター</u>（室温にもどす）を同量ずつ（パン1枚につき各小さじ1が目安）まぜ、<u>好みのパン</u>（1㎝厚さに切る）に塗る。オーブントースターでこんがりとするまで焼く。

残ったパンをおいしく使いきり!
フレンチトースト

残ったパンを少しずつ冷凍し(p.60)、ある程度たまったら解凍して
フレンチトーストに。炊飯器ならめんどうな火かげんの調整もなし!
パンは違う種類のものを組み合わせてもOKです。

ふわふわの焼きたてを
ぜひ召し上がれ〜

材料(5.5合炊きの炊飯器1台分)

好みのパン…適量
卵…2個
砂糖…30g
牛乳…150g
メープルシロップ
（またははちみつ）…適量

1 炊飯釜にパンを大きめの一口
大にちぎってすき間なく敷き
詰める。

2 ボウルに卵、砂糖、牛乳を入
れて泡立て器でよくまぜ合わ
せ、1に流し入れる。

3 炊飯器にセットし、「炊飯」
スイッチを押す。

4 スイッチが切れたら竹ぐしを
刺してみて、何もついてこな
ければでき上がり（p.59）。
とり出して食べやすく切り、
メープルシロップをかける。

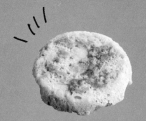

ピ!

少ない材料で

ホットケーキ
ミックスの
パンとケーキ

ホットケーキミックスをベースにすれば
人気のチーズケーキやブラウニー、ケークサレ、
スコーンなどが炊飯器で簡単に、上手に作れます。
炊飯釜がそのまま型になるので、型いらずだし、
炊飯器だから、むずかしい火かげんの調整もなし。
スイッチ「ピ!」から生まれるおやつ時間を楽しんで!

厚焼きホットケーキ

厚みのあるビッグサイズのホットケーキがほったらかしで作れる

材料（5.5合炊きの炊飯器1台分）

A	ホットケーキミックス…150g	バター、はちみつ
	卵…1個	（またはメープルシロップ）
	牛乳…100g	…各適量

1 生地を作る

ボウルに**A**を入れ、泡立て器でなめらかになるまでまぜる。炊飯釜にオーブンシートを敷き(p.59)、生地を流し入れてゴムべらで表面を平らにならす。

2 焼く

ピ!

炊飯

炊飯器にセットし、「炊飯」スイッチを押す。

焼き上がり

スイッチが切れたら真ん中に竹ぐしを刺してみて、何もついてこなければでき上がり (p.59)。オーブンシートごと持ってとり出す。器に盛り、バターをのせてはちみつをかける。

105

バナナケーキ

つぶしたバナナのおかげでしっとりとした仕上がりに

材料（5.5合炊きの炊飯器1台分）

A｜ ホットケーキミックス…150g　　バナナ（完熟）…2本
　　 卵…2個
　　 とかしバター（食塩不使用・p.58）
　　　…50g

1 | 生地を作る

ボウルにバナナを一口大にちぎって入れ、フォークでつぶす。

Aを加え、泡立て器でなめらかになるまでまぜる。炊飯釜にオーブンシートを敷き(p.59)、生地を入れてゴムべらで表面を平らにならす。

2 | 焼く

≫ピ!≪

炊飯

炊飯器にセットし、「炊飯」スイッチを押す。

焼き上がり

スイッチが切れたら真ん中に竹ぐしを刺してみて、何もついてこなければでき上がり(p.59)。オーブンシートごと持ってとり出し、網などにのせて冷ます。

チーズケーキ

ほどよい酸味のチーズケーキとクッキー生地の２層で焼き上げる

材料（5.5合炊きの炊飯器1台分）

ホットケーキミックス…50g

クリームチーズ…100g
　▶ 電子レンジで30秒ほど加熱してやわらかくする

砂糖…30g

A｜卵…1個
　｜生クリーム（乳脂肪分45％）…100g
　｜レモン汁…少々

クッキー生地

ホットケーキミックス…100g

牛乳…大さじ2

とかしバター（食塩不使用・p.58）
　…50g

1 生地を作る

ボウルにクッキー生地の材料を入れ、ゴムべらで粉っぽさがなくなるまでまぜる。

炊飯釜にオーブンシートを敷き（p.59）、クッキー生地を入れて手で平らにならす。

ボウルにクリームチーズを入れ、泡立て器でまぜる。なめらかになったら、砂糖を加えてさらにまぜる。

A、ホットケーキミックスを加えてまぜる。なめらかになったら炊飯釜に流し入れ、ゴムべらで表面を平らにならす。

2 焼く

ピ！

炊飯

焼き上がり

炊飯器にセットし、「炊飯」スイッチを押す。

スイッチが切れたら真ん中に竹ぐしを刺し、何もついてこなければでき上がり（p.59）。オーブンシートごと持ってとり出し、網などにのせて冷ます。完全に冷めたら、ラップをかけて冷蔵室で冷やす。

ブラウニー

ココア×チョコで真っ黒くろ！　ビターな味わいが魅力

材料（5.5合炊きの炊飯器1台分）

A
- ホットケーキミックス…100g
- ココアパウダー…20g
- 卵…2個
- とかしバター（食塩不使用・p.58）…50g

板チョコレート…2枚（100g）

110

1 生地を作る

耐熱ボウルに板チョコを小さく割って入れ、ラップをかけて電子レンジで1分ほど加熱し、ゴムべらでときまぜる（とけない場合は様子を見ながら10秒ほどずつ加熱する）。別のボウルにAを入れ、チョコを加えて泡立て器でなめらかになるまでまぜる。炊飯釜にオーブンシートを敷き（p.59）、生地を入れてゴムべらで表面を平らにならす。

2 焼く

〝ピ！〟

炊飯

炊飯器にセットし、「炊飯」スイッチを押す。

（焼き上がり）

スイッチが切れたら真ん中に竹ぐしを刺してみて、何もついてこなければでき上がり（p.59）。オーブンシートごと持ってとり出し、網などにのせて冷ます。

さつまいも蒸しパン

ふかふかの生地とさつまいもの
自然な甘みでなつかしいおいしさ

材料（5.5合炊きの炊飯器1台分）

A	ホットケーキミックス …150g
	砂糖…15g
	牛乳…100g
	卵…1個
	サラダ油…大さじ2
さつまいも…正味120g	

1 | 生地を作る

さつまいもは皮つきのまま7〜8mm角に切り、水にさっとさらして水けをきる。耐熱ボウルに入れてラップをふんわりとかけ、電子レンジで3分ほど加熱する。

別のボウルにAを入れて泡立て器でなめらかになるまでまぜ、さつまいもを加えてゴムべらでまぜる。炊飯釜にオーブンシートを敷き（p.59）、生地を流し入れてゴムべらで表面を平らにならす。

2 | 焼く

≫ピ！

炊飯

炊飯器にセットし、「炊飯」スイッチを押す。

焼き上がり

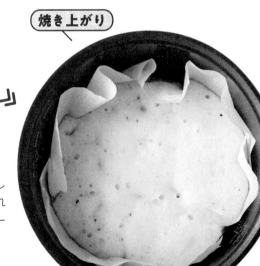

スイッチが切れたら真ん中に竹ぐしを刺してみて、何もついてこなければでき上がり（p.59）。オーブンシートごと持ってとり出す。

ブルーベリー
マーブルケーキ

マーマレードやいちご、あんずなどのジャムでも美味

材料（5.5合炊きの炊飯器1台分）

A ホットケーキミックス…150g　　ブルーベリージャム…70g
　　卵…1個
　　牛乳…100g

1 生地を作る

ボウルに**A**を入れ、泡立て器でなめらかになるまでまぜる。炊飯釜にオーブンシートを敷き(p.59)、生地を流し入れてゴムべらで表面を平らにならす。

ブルーベリージャムをところどころに間をあけて落とす。

菜箸を星を描くように大きく動かしてマーブル模様をつくる。動きが小さいとそこだけ生地の色が紫になるので注意。

2 焼く

＼ピ！／

炊飯

炊飯器にセットし、「炊飯」スイッチを押す。

焼き上がり

スイッチが切れたら真ん中に竹ぐしを刺してみて、何もついてこなければでき上がり(p.59)。オーブンシートごと持ってとり出し、網などにのせて冷ます。

アップルケーキ

生地のもっちり感、りんごの甘ずっぱさ、
バターのコクが見事なハーモニー

材料（5.5合炊きの炊飯器1台分）

A		B	
ホットケーキミックス …150g		りんご…½個 ▶ 皮をむいて1cm厚さのいちょう切り	
砂糖…30g		バター…30g	
牛乳…100g		▶ 5mm角に切る	
卵…1個		砂糖…30g	

1 | 生地を作る

 »

炊飯釜にオーブンシートを敷き(p.59)、**B**をそれぞれ広げ入れる。

ボウルに**A**を入れ、泡立て器でなめらかになるまでまぜる。炊飯釜に流し入れ、ゴムべらで表面を平らにならす。

2 | 焼く

炊飯器にセットし、「炊飯」スイッチを押す。

《ピ!》

炊飯

焼き上がり

真ん中に竹ぐしを刺してみて、何もついてこなければでき上がり(p.59)。オーブンシートごと持ってとり出し、網などにのせて冷ます。

もちもち黒糖
くるみ蒸しパン

むっちりとした生地とくるみの食感でハマるおいしさ！

材料（5.5合炊きの炊飯器1台分）

A | ホットケーキミックス
　|　…75g
　| だんご粉…30g
　| 黒砂糖…30g
　| 絹ごしどうふ…50g
　| 牛乳…50g
くるみ（素焼き）…30g
▶ あらいみじん切り

材料MEMO

黒砂糖

精製度が低くてミネラル分を多く含み、素朴で強い甘みが特徴。かたまりではなく、粉状のものを選んで。

1 生地を作る

ボウルに**A**を入れ、泡立て器でなめらかになるまでまぜる。

くるみを加え、ゴムべらでまぜる。炊飯釜にオーブンシートを敷き(p.59)、生地を入れてゴムべらで表面を平らにならす。

2 焼く

＼ピ！／

炊飯

炊飯器にセットし、「炊飯」スイッチを押す。

焼き上がり

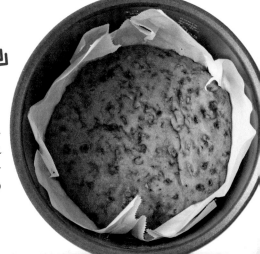

スイッチが切れたら真ん中に竹ぐしを刺してみて、何もついてこなければでき上がり(p.59)。オーブンシートごと持ってとり出し、網などにのせて冷ます。

もちもち
あんこ蒸しパン

和菓子みたいな仕上がり！
渋めの日本茶といっしょにどうぞ

材料（5.5合炊きの炊飯器1台分）

A ホットケーキミックス
　　…75g
　だんご粉…50g
　砂糖…30g
　絹ごしどうふ…50g
　牛乳…70g
粒あん（またはこしあん）…60g
きな粉…適量

材料MEMO

だんご粉

うるち米ともち米を精白した
あと、水につけて粉砕し、乾
燥させる。「白玉粉」や「上新
粉」とは違うので気をつけて。

1 | 生地を作る

ボウルに **A** を入れ、泡立て器でなめらかになるまでまぜる。粒あんを加え、さらにまぜる。

炊飯釜にオーブンシートを敷き(p.59)、生地を入れてゴムべらで表面を平らにならす。

2 | 焼く

炊飯器にセットし、「炊飯」スイッチを押す。

〝ピ!〟

炊飯

焼き上がり

スイッチが切れたら真ん中に竹ぐしを刺してみて、何もついてこなければでき上がり(p.59)。オーブンシートごと持ってとり出し、網などにのせて冷ます。きな粉を茶こしに入れて振る。

ハムとコーンの
チーズケークサレ

食事はもちろん、おつまみにもGOOD！

材料（5.5合炊きの炊飯器1台分）

A
ホットケーキミックス…150g
卵…1個
牛乳…100g

B
ハム…30g
　▶ 7mm角に切る
ホールコーン缶…30g
プロセスチーズ…30g
　▶ 3mm厚さに切って7mm角に切る

1 　生地を作る

ボウルに**A**を入れて泡立て器でなめらかになるまでまぜ、**B**を加えてゴムべらでまぜる。炊飯釜にオーブンシートを敷き（p.59）、生地を流し入れてゴムべらで表面を平らにならす。

2 　焼く

〝ピ！〟

炊飯

炊飯器にセットし、「炊飯」スイッチを押す。

焼き上がり

スイッチが切れたら真ん中に竹ぐしを刺してみて、何もついてこなければでき上がり（p.59）。オーブンシートごと持ってとり出す。

チョコスコーン

ぐるぐるまぜるだけで、スコーンのあの"ざくっ"とした食感に

材料（5.5合炊きの炊飯器1台分）
A　ホットケーキミックス…150g
　　牛乳…35g
　　とかしバター（p.58）…30g
板チョコレート…1枚（50g）
　▶一口大に割ったものを8切れ残し、あらく刻む

1 生地を作る

ボウルに**A**、刻んだ板チョコを入れ、ゴムべらで粉っぽさがなくなるまでまぜる。

炊飯釜にオーブンシートを敷き(p.59)、生地を入れて手で平らにならす。ゴムべらで放射状に8等分の切り込みを入れ、割ったチョコをのせる。

2 焼く

≫ピ!≫

炊飯

炊飯器にセットし、「炊飯」スイッチを押す。

焼き上がり

スイッチが切れたら真ん中に竹ぐしを刺してみて、何もついてこなければでき上がり(p.59)。オーブンシートごと持ってとり出し、網などにのせて冷ます。

ホットケーキミックスのケーキで楽しむ
パーティーアイディア

炊飯器で作ったお手軽ケーキが、ちょっとしたアイディアで
ホームパーティーや誕生日などのイベントに活躍します。
むずかしいことはいっさいないので、気軽にチャレンジしてみて!

**小さく切って
紙カップにIN**

ケーキは一口大に切り、
かわいい紙カップに入れ
ます。パーティー中に切
り分ける手間が省けるう
え、小さい子どもも手づ
かみで食べられます。カ
ラフルなチョコなどとい
っしょに並べれば、華や
かさもアップして、パー
ティーもきっと大盛り上
がり!

写真のホットケーキは、p.104と同じ配合で「コンパクト ライスクッカー」(récolte レコルト）で焼いたもの。2.5合炊き用なので、5.5合炊きの炊飯器で作るより厚みのあるホットケーキができます。
recolte-jp.com

ホットケーキにデコレーション

厚焼きホットケーキ（p.104）の厚みを半分に切り、いちごなどのフルーツとホイップクリームでデコレーションします。ラフに仕上げると、見た目もキュート。ほかにもバナナケーキ(p.106)、ブラウニー(p.110)、ブルーベリーマーブルケーキ(p.114)などでもぜひ。子どもといっしょにデコレーションすれば、子どもの満足感も2倍に！

著者 「おうちパン」研究家 吉永麻衣子（よしながまいこ）

兵庫県宝塚市出身。聖心女子大学卒業後、一般企業を経てパンの世界へ。専門学校講師、カフェキッチン、日本ヴォーグ社ハッピークッキングの立ち上げなどを経験し、自宅にてパン教室をスタート。考案した「忙しいママも毎日焼けるパン」のレシピが好評に。現在は、外部での講師、企業とのレシピ開発や雑誌へのレシピ提供、書籍の出版、コラムの執筆など幅広く活躍。インスタライブなど動画配信も大人気。著書に『冷蔵庫で作りおきパン いつでも焼きたて』『はじめてでも失敗しない 絶対おいしい! おうちパン教室』（ともに主婦の友社）など多数。自身が立ち上げた「おうちパンマスター」認定制度の代表講師として4000人の仲間と活動中。https://www.instagram.com/maiko_y

STAFF

装丁・デザイン	細山田光宣、鈴木あづさ(細山田デザイン事務所)
デザインDTP	横村 葵
炊飯器イラスト	山口正児
撮影	松木 潤(主婦の友社)
スタイリング	坂上嘉代
撮影協力	つねいしゆうこ、はまもとあかね、宇木みずほ、井上有希子
構成・まとめ	田子直美
編集担当	近藤祥子(主婦の友社)

撮影協力
cotta https://www.cotta.jp

スイッチ「ピ!」で焼きたて!
炊飯器でパンとケーキができちゃった!

2021年4月10日　第1刷発行

著　者　吉永麻衣子（よしながまいこ）
発行者　平野健一
発行所　株式会社主婦の友社
　　　　〒141-0021 東京都品川区上大崎3-1-1 目黒セントラルスクエア
　　　　電話 03-5280-7537（編集）03-5280-7551（販売）
印刷所　大日本印刷株式会社

©Maiko Yoshinaga 2021　Printed in Japan　ISBN978-4-07-446718-1